Segredos para investir em moedas criptográficas

Conteúdo

O que são moedas criptográficas 5

Tipos de moedas criptográficas 6

O mundo das moedas criptográficas e o aspecto jurídico 7

Os mercados de moedas criptográficas de hoje 10

O que evitar ao investir em moedas criptográficas 14

Dicas sobre investimento em moeda criptográfica 20

Como funcionam as estratégias de comércio de divisas criptográficas 25

Componentes de uma estratégia de comércio de moeda criptográfica 26

Como comprar moedas criptográficas 28

Como extrair as moedas criptográficas 30

A rentabilidade das moedas criptográficas mineiras 31

Melhores estratégias de comércio de moedas criptográficas 32

Como negociar em investimento em moeda criptográfica 41

As estratégias de investimento em divisas criptográficas mais utilizadas em 2021 43

Como é utilizado o efeito de alavanca no investimento 48

Passos para o comércio de divisas criptográficas 49

Truques para fazer parte do comércio 52

A psicologia do comércio 54

Como trocar as moedas criptográficas, passo a passo 60

Tipos de comércio 62

O que deve saber sobre Intercâmbios 65

Como escolher a melhor casa da cambio para investimento 67

As melhores trocas para comprar e investir em moedas criptográficas 69

Mercados de previsão a considerar em 2021 72

A diversidade das moedas criptográficas 76

As moedas criptográficas mais rentáveis 78

Qual o investimento a escolher no mundo das moedas criptográficas? 80

As vantagens e desvantagens de investir em criptoassetes 81

Os melhores corretores de demonstração 85

Métodos alternativos para ganhar dinheiro com moedas criptográficas 89

Segredos para investir em moedas criptográficas

A popularidade das moedas criptográficas aumenta ano após ano, mas a verdade é que esta preferência é apoiada pelo número de pessoas que investem, e geram rendimentos com grande sucesso, pelo que é um sector ao qual dedicar atenção para aproveitar as oportunidades que postula no plano económico.

Mas se ainda não sabe ou não sabe o que é um Ethereum ou Tether, não há razão para se preocupar, a maioria tem apenas mais proximidade ou conhecimento sobre Bitcoin, mas na realidade existem mais de 1000 moedas criptográficas no mundo, cada uma com um conceito diferente, mas todas são descentralizadas, voláteis e abertas a transacções activas.

O que são moedas criptográficas

A definição de moeda criptográfica é uma moeda virtual, tem uma grande extensão digital, mas carece de apresentação física, uma vez que utiliza criptografia, sendo a forma através da qual as transacções são geradas e geridas, da mesma forma, estão constantemente a surgir todos os tipos de moedas.

As principais qualidades de uma moeda criptográfica começam por ter suporte físico, mas é uma liquidez virtual, por isso não podem ser armazenadas em dispositivos físicos de qualquer tipo, por outro lado a criptografia é responsável pela criação de unidades e não é controlada por qualquer tipo de governo.

O funcionamento principal deste meio baseia-se na tecnologia da cadeia de blocos, sendo útil para gerar cada vez mais unidades, é essencial destacar que a quantidade de unidades desta moeda é limitada.

Tipos de moedas criptográficas

Existem muitas moedas criptográficas, desde Dash, Ethereum, Litecoin, e muito mais, embora a maioria conheça apenas a popularidade de Bitcoin, a diferença entre cada uma delas é o tipo de filosofia que têm, todas utilizam geralmente tecnologia de cadeia de bloqueio, mas com as mudanças torna-se mais eficiente de processar.

Algumas moedas criptográficas, utilizam fórmulas monetárias muito diferentes, tais como algumas têm um número infinito de circulação, enquanto outras não realizam ou aplicam esta medida, o mesmo se aplica à transparência das transacções, pelo que quando se investe é necessário aplicar o conhecimento financeiro destas áreas.

O mundo das moedas criptográficas e o aspecto jurídico

Em primeiro lugar, o conceito por detrás das moedas criptográficas é essencial, são moedas digitais, que consistem numa criptografia que gera um meio de pagamento fiável, o que faz com que possam surgir questões sobre o funcionamento do mesmo, bem como algum tipo de lei que proteja a sua utilização, para considerar os riscos.

Ao pensar em investir em qualquer moeda criptográfica, é essencial estudar todos os detalhes sobre os riscos, bem como o tipo de investimento que está disposto a fazer, uma vez que isto é fundamental para fazer cada passo em segurança, para que se possa ajustar aos requisitos e mecanismos por detrás de cada moeda criptográfica.

Cada vez que as regulamentações legais e fiscais avançam sobre o mundo das moedas criptográficas, à medida que a utilização destas moedas avança e se espalha em áreas diferentes, mas em cada ocasião é preciso ter cuidado com aquela característica de volatilidade que faz parte delas, e em muitos aspectos é ainda um mercado em desenvolvimento.

O melhor exemplo das mudanças económicas que as moedas criptográficas sofrem é evidenciado nos 20% em que cada uma das moedas pode diminuir, ou seja, da mesma forma que sobem, também podem cair, pelo que cada operação deve ser medida.

- **Regulamento imposto às moedas criptográficas**

As autoridades não têm qualquer intervenção sobre as moedas criptográficas, mas a Comissão Europeia continua a conceber métodos através dos quais este aspecto pode ser regulado, especialmente para um controlo directo dos mercados de criptoactivos, de modo a que tanto o consumidor como o investidor possam contar com a segurança jurídica.

Esta visão de regulamentação que está por detrás das moedas criptográficas procura classificar aquelas que são consideradas seguras ou legais, e serão consideradas como dinheiro electrónico, razão pela qual serão regulamentadas pelas autoridades especializadas na Europa.

Dada a falta de regulamentação, as transacções com moedas criptográficas têm estado relacionadas com o bloqueio de capital, algo que não pode ser completamente negado, especialmente com o Bitcoin, mas não é o principal ou único meio para levar a cabo estes planos, porque mesmo as instituições bancárias se têm emprestado a ele.

Por esta razão, na ordem de trabalhos da Comissão Europeia, está incluído o estudo do branqueamento de capitais, que procura forçar cada intercâmbio a permanecer sob regulamentação, ou é isso que se pretende, na regulamentação do branqueamento de capitais, que a função dos intercâmbios tenha sido pensada, para cobrir este aspecto.

Estas considerações são motivações incluídas no projecto de Lei sobre Medidas de Prevenção e Combate à Fraude Fiscal, que tem âmbito de acção em Espanha, além de ter uma redacção inicial que remonta à Lei 7/2012, procurando uma incorporação de controlo sobre esse aspecto das moedas virtuais.

- **As moedas criptográficas e a relação com os bancos centrais**

Actualmente, o lançamento das moedas criptográficas pelos bancos centrais é aguardado com expectativa, a este respeito o Banco Central da China é um dos mais avançados nesta área, pois tem um projecto sólido por detrás da sua moeda criptográfica DC/EP, enquanto o Banco Central Europeu, ainda não mostra sinais de seguir este caminho.

Quando o Banco Central de qualquer país se envolve com o mundo das moedas criptográficas, origina-se uma mudança directa nos modelos empresariais, bem como na gestão pública, causando uma relação diferente entre indivíduos, e na administração, é uma revolução que deve ser bem estudada.

Os mercados de moedas criptográficas de hoje

Desde 2009, quando a Bitcoin surgiu, abriu uma grande porta para um mundo de grandes oportunidades de investimento em mais moedas criptográficas, por isso em 2013 tornou-se um mercado cheio de investidores, por isso em 2020 estima-se que existam até 2000 moedas criptográficas como uma oportunidade de investimento.

A capitalização que faz parte deste mercado, torna-se uma grande razão para fazer parte destas medidas, é um negócio em grande escala que veio pôr em marcha até centenas de biliões, com uma grande proximidade aos biliões, é um meio que tem muitas alternativas de participação.

A esta escala do mercado, adiciona-se a tecnologia conhecida como Blockchain, sendo uma oferta de segurança, que ajuda a aumentar a popularidade deste meio de investimento, é uma novidade que se instalou completamente, mas é habitual que haja dúvidas sobre os lapsos do investimento, estes merecem uma análise do que implicam.

- **Investimentos a longo prazo em moedas criptográficas**

Refere-se a um tipo de investimento que é praticado à espera de uma mudança de preço ao longo do tempo, sendo uma posição simples, geralmente que a preferência por uma moeda criptográfica ou movimento, é mantida durante 6 meses a um ano para obter essa classificação, tudo depende de reivindicações pessoais.

Alguns utilizadores podem procurar um investimento de até 10 anos, ou seja, a critério pessoal, bem como desenvolvido em fases, ou se praticado numa única acção directa, isto permite perseguir objectivos específicos, tais como estimar o preço a esperar para vender o criptograma.

Para além desta visão, é importante saber se a venda será realizada em momentos diferentes ou parcialmente, bem como se a empresa está disposta a mudar para um investimento a curto prazo face a complicações, ou seja, em alguns casos é possível inovar com uma mudança de estratégia, para a qual deve ser levada a cabo uma investigação exaustiva.

As questões a verificar antes de decidir sobre um investimento a longo prazo são se existe uma equipa sólida para apoiar o investimento, se tem uma tecnologia útil para aumentar os preços, a capacidade de pesquisar um criptograma, e se o seu conceito se destina a resolver um problema do mundo real.

Antes de investir, é necessário estar convencido do seu potencial, para que mais tarde não haja arrependimentos, as razões para escolher esta modalidade é que o investidor tem mais paz de espírito para não seguir de perto a flutuação, é um nível de stress mais baixo, para além do nível de possíveis lucros a alcançar.

- **Investimento a curto prazo em moedas criptográficas**

Num investimento a curto prazo, é essencial lembrar que se trata de curtos períodos de tempo, para estar em busca de lucros rápidos, os períodos que são frequentemente utilizados são segundos, minutos, dias, semanas e em casos raros até meses.

A operação deste tipo de investimento é desenvolvida respondendo às questões do montante das perdas que o investidor está disposto a enfrentar, porque as quedas repentinas são cenários habituais neste mundo, há também o facto de medir os benefícios a colher, e é necessária paciência para investigar bem cada passo a dar.

A capacidade de acompanhar de perto a análise técnica, torna-se um foco prioritário, porque as características habituais deste meio são um grande volume de operações, também enfrenta uma baixa capitalização de mercado, e o impacto das redes sociais sobre estes movimentos é essencial.

- **Como escolher investir a curto ou longo prazo em moedas criptográficas**

Para determinar se é mais conveniente escolher um investimento a curto ou longo prazo, não há fórmula mágica, mas depende directamente do tipo de objectivos que se tem, para além da experiência anterior no mundo das moedas criptográficas, por isso, quando se trata de planear um projecto, é melhor pensar a longo prazo.

Por outro lado, quando se baseia numa visão ou acompanhamento de novas moedas criptográficas no mercado, combina muito mais com um investimento a curto prazo, embora seja um caminho mais arriscado, mas são ainda boas ideias para obter rendimentos, porque não há dúvida sobre o potencial das moedas criptográficas para gerar dinheiro.

O detalhe que prevalece sobre qualquer forma, é que se pode perder dinheiro, é um mundo que não tem regras escritas, não há forma de prever os movimentos com certeza, a única premissa chave é investir dinheiro que não se tem medo de perder, isso é o que se deve ter em mente.

O que evitar ao investir em moedas criptográficas

Num mundo moderno em que cada pessoa fala e utiliza activamente moedas criptográficas, estabelece-se como um tipo de liberdade financeira que não deve faltar, pelo que vale a pena educar-se sobre esta área, sem esquecer certos erros que são cometidos diariamente numa variedade de plataformas.

Mas o importante é que dentro do processo de aprendizagem, a monetização de cada acção não se perca de vista, para que não se perca dinheiro sob este planeamento, porque como Warrent Buffett indica, a regra número 1 é não perder dinheiro, e a regra número 2 é não esquecer a primeira regra, esta é uma premissa para manter o realismo.

- **Não invista no primeiro site que encontrar**

É muito fácil perder dinheiro ao investir sem identificar a segurança, o sector da moeda criptográfica tem um grande número de websites, por esta razão um aspecto a proteger é a licença para operar livremente com cada função, é um detalhe sobre o qual não se deve cometer um erro, caso contrário tudo fica completamente perdido.

Uma vez que as moedas criptográficas se tornaram moda, cria uma grande lacuna para os golpistas aproveitarem com mensagens falsas, é um impulso que procura espalhar-se pelos utilizadores com pouca informação, e não se deve cair neste tipo de armadilha, independentemente do tipo de quantia que se vai depositar.

Para pôr de lado estes problemas, é crucial procurar um investimento muito mais seguro, fazendo-o fazer parte de um negócio totalmente legal, e não procurar fugir da questão das comissões, mas o essencial é que o seu dinheiro não pode desaparecer, porque em vez de ir para a sua carteira, vai para o criador do website.

Para além dos anúncios, também muitas chamadas telefónicas podem ser utilizadas para promover websites, e compras em moeda criptográfica, quando no final são um esquema, esse tipo de percentagens de esquema pode ser posto de lado com um papel de cepticismo, o controlo é útil para não fazer compras impulsivas que são arrependidas.

- **Investir num curso para aprender sobre as moedas criptográficas**

Para que os passos dentro do mundo das moedas criptográficas sejam fiáveis, é vital investir em si próprio, nunca dói, cada informação no final pode ser usada para gerar mais dinheiro, cada decisão que põe o seu dinheiro em risco, precisa de um elevado grau de consciência, caso contrário repara que os outros são bem sucedidos e você não é.

Ignorar o assunto da aprendizagem, ou tentar avançar por si próprio, só o leva a perder muito tempo, e em matéria de investimento isto não é considerado rentável, por isso, desde que domine cada pedaço de conhecimento de que necessita, estará no seu caminho para uma resolução eficaz de resultados rentáveis.

Mas não pode ser uma formação qualquer, deve procurar cursos que sejam ratificados, e que os oradores possam demonstrar os seus resultados, o essencial é que continue a aprender constantemente, evitando também que estas alternativas de aprendizagem mantenham o seu dinheiro.

Em vez de procurar um método de aprendizagem que apenas lhe diga o que quer ouvir, é melhor procurar um meio que seja um desafio para si, para além de evitar aqueles anúncios enganosos onde lhe ensinam a multiplicar rapidamente o seu dinheiro.

- **Evitar comprar face a previsões infundadas**

Quando os sentimentos estão envolvidos na questão da compra e do investimento em moedas criptográficas, o resultado acaba por ser negativo, pelo que muitas vezes num mercado são anunciados bons momentos ou previsões para investir, mas são apenas posições que procuram tirar partido da ganância dos utilizadores.

É fácil atrair pessoas quando são ensinados conceitos, tais como os que indicam que alguma moeda criptográfica vai subir sem parar, uma vez que pode ser dinheiro fácil, mas na realidade é um caminho fácil, e o mercado pode estar a procurar gerar esses movimentos para beneficiar da compra e venda do bem.

Cada mercado de investimento tem o seu lado positivo, bem como um lado negativo onde se pode facilmente perder dinheiro, por essa razão deve ter sempre cuidado com cada estimativa ou situação, especialmente quando não se pode prever o futuro, o valor é impossível de controlar com certeza, acima de qualquer promessa.

- **Não escolha empréstimos como um impulso para investir em divisas criptográficas**

Uma regra clássica a seguir sob o movimento ou medidas de investimento, é não investir o que se possa precisar no futuro, por essa razão, não se recomenda que se endividar faça parte do movimento da moeda criptográfica, caso contrário os resultados podem ser fatais, mesmo que a moeda criptográfica seja muito promissora.

Pensar que vai ganhar mais dinheiro, e procurar um empréstimo para alcançar o investimento, não é o mais positivo, porque se a mudança ou escolha correr mal, não será capaz de pagar o empréstimo, terá ganho uma dívida, isto em cada caso, varia, porque pode correr bem e pagar o dinheiro pendente, ou piorar completamente a situação.

- **Não compre a baixo preço na esperança de que subam e se tornem milionários.**

No meio do mercado há um grande número de moedas criptográficas que não são muito conhecidas, estas são escolhidas sem perguntar simplesmente pelo seu valor, para manter um investimento a longo prazo até que aumentem, mas não é uma regra a ter em conta, porque nem todas as moedas criptográficas aumentam da mesma forma ou atingem um valor óptimo.

Para evitar isto, é necessário saber o que está por detrás da moeda criptográfica, especialmente quando não decorreu muito tempo desde o seu lançamento, e é mais provável que se espere mesmo que aumentem 10%, em vez de ter aspirações de que aumentará 10 vezes mais.

- **Não comprar sem medida**

Operar cegamente, tomando decisões sem conhecimento, é um erro grave, especialmente dada a estatística de que mais de 485 empresas no mundo desaparecem num ano, especialmente quando um efeito de bolha é desencadeado, o que é frequente com a saída diária de moedas criptográficas.

Comprar moedas criptográficas sem sentido, não gera qualquer tipo de garantia, porque o mais habitual é que este investimento não atinja qualquer ponto produtivo, sem esquecer que algumas destas moedas virtuais se baseiam num esquema, razão pela qual o estudo sobre os seus criadores é a melhor protecção para não se deixarem levar.

- **Não invista sem saber o que está a fazer**

Para não perder dinheiro, é essencial estudar e compreender o que está a fazer, não importa se alguém o aconselha a comprar, ou se o chamam, o que é vital é dedicar-se a cada informação financeira, e seguir as opções da plataforma com a qual opera, para agir desta forma, é preciso muita preparação.

Dicas sobre investimento em moeda criptográfica

A tomada de decisões em investimento em moeda criptográfica desempenha um papel fundamental para chegar longe neste ambiente, embora para ter sucesso neste ambiente também envolva a acção ou efeito de diferentes factores, um deles é a disciplina, confiança, e a utilização de ferramentas de gestão de risco.

Ao estar ciente deste tipo de detalhes que são subestimados, pode aproveitar o potencial que faz parte das moedas criptográficas, para alcançar um nível óptimo, precisa de desenvolver as seguintes acções:

1. Investigação sobre moedas

A informação que tem sobre as moedas criptográficas é decisiva, quanto mais detalhes puder conhecer, melhor para o investidor, é necessário ter tempo para conhecer o suficiente, também cada novo desenvolvimento da tecnologia da cadeia de bloqueio é igualmente útil, sem perder de vista as tendências dos mercados financeiros.

Compreender todos os aspectos sobre a moeda criptográfica que está a negociar é fundamental, para chegar a esse nível, é necessário manter uma investigação contínua, à medida que os mercados evoluem cada vez mais rapidamente, e após cada evento, impõem uma resposta ou movimento, pelo que se trata de uma formação de desenvolvimento técnico.

2. Conceber um plano comercial

Para formar um plano de negociação baseia-se num estudo abrangente onde as operações são reflectidas, a isto se acrescentam os pormenores da resposta aos riscos, para além dos objectivos perseguidos desde o início, para que se possa escolher entre uma estratégia e outra, sem esquecer de estabelecer regras para a gestão dos riscos.

No meio deste planeamento, pode também estabelecer os detalhes sobre um mercado, de modo a poder operar com maior fluência, é um constante desenvolvimento de competências, ter uma visão ligada às incidências do mercado.

3. Formação em comércio

Para ganhar experiência na negociação em moeda criptográfica, nada é mais satisfatório do que realizar uma formação, pode começar com uma conta demo, para que possa aprender cada opção, cada leitura que a plataforma tem, e isto ajuda a moldar o seu plano de negociação, é um teste aos detalhes.

Depois, quando puder avançar na negociação, será tempo de mudar para uma conta real, bem como cursos e seminários em linha que ajudam ao desenvolvimento das capacidades de negociação.

4. Implementa estratégias e ferramentas para a gestão de riscos.

Uma das medidas mais habituais para exercer a gestão do risco é calcular a relação risco-benefício estabelecida, o que significa que antes de considerar qualquer operação, é essencial avaliar se vale a pena correr esse risco em troca da obtenção desse benefício potencial, com base no montante da perda potencial.

A relação que escolhe depende do nível de risco que está disposto a operar ou a desafiar, é basicamente circunstâncias pessoais, bem como o tipo de estratégia que está a executar, é também um assunto que pode ser investigado em profundidade.

5. Impõe paragens e limites

A utilização de paragens é muito útil, uma vez que ajuda a fechar automaticamente uma operação no caso de o preço ter um movimento contra, para este fim devem ser estabelecidos determinados montantes, existem alguns de base que são gratuitos, que são fechados quando se fixa um preço pior do que o solicitado no mercado ou se existem lacunas.

Para além das paragens básicas, existem também as paragens garantidas, que são uma grande ajuda para fechar operações, seguem o nível exacto do limite que é estabelecido, mas para a utilização do mesmo, deve ser pago um prémio, e por outro lado existem as paragens dinâmicas, onde os movimentos positivos são seguidos, mas não são garantidos face a mudanças rápidas.

6. **Continuar a ser disciplinado**

Em qualquer tipo de negociação de moeda criptográfica, é vital demonstrar um elevado nível de disciplina, cada passo tem de estar alinhado com o plano escolhido, para que se possa evitar cair em qualquer armadilha, é uma abordagem útil em todos os sentidos, para que as emoções não possam tomar qualquer passo a dar.

O mais importante é seguir uma visão vencedora, para que as operações sejam assumidas com responsabilidade, o importante é ser capaz de manter esta qualidade de orientação nas operações.

Como funcionam as estratégias de comércio de divisas criptográficas

Acredita-se geralmente que a aplicação de uma estratégia comercial, produz efeitos sem qualquer preocupação sobre o seu desempenho ou funcionamento, mas a verdade é que podem ser aplicadas manualmente, semi-automaticamente e mesmo totalmente automatizadas, tudo depende do tipo de preferência de cada investidor.

No caso de uma estratégia manual, as negociações são realizadas com uma metodologia de entrada e saída, e os resultados são exibidos através da plataforma, enquanto que as semi-automáticas utilizam plataformas semelhantes à tradingview, onde são emitidos alertas de compra e venda, tudo é gerido, mesmo os indicadores.

Embora as acções de negociação devam ser executadas pelo investidor, até ao último lugar é a negociação automatizada, esta baseia-se num desempenho tecnológico a 100%, fazendo com que os sinais de entrada e saída do mercado sejam produzidos por bots, seguindo as regras justas de abertura e fecho de negociações.

Componentes de uma estratégia de comércio de moeda criptográfica

Para que uma estratégia comercial seja levada a cabo, entra em jogo uma forma de negociação, apoiada por diferentes elementos, tais como a utilização de indicadores técnicos, essa forma adequada de ler cada movimento de mercado, é essencial aprender a trabalhar com estes elementos para ganhar clareza na negociação e ser bem sucedido.

1. Plataforma de Gráficos

Este meio é ideal para entrar em contacto com os indicadores, qualquer tipo de estratégia pode ser reflectida ou manifestada neste espaço, além de tudo permitir programar alguns indicadores pessoais, pelo que se torna mais importante considerar estes sites, basta criar uma conta para utilizar e aprender cada ferramenta.

2. Indicadores técnicos

Qualquer tipo de estratégia utiliza entre 1 e 3 indicadores, estes trabalham principalmente para seguir de perto os sinais de negociação, e há sempre um indicador para filtrar quaisquer erros que possam ocorrer.

3. Seteos

Os indicadores têm conjuntos, cada um tem a sua própria configuração, não é possível comparar a operação com um único indicador, à utilização de toda uma série de indicadores técnicos que estão encadeados entre si.

4. Alertas

No momento de desenvolver qualquer operação, é fundamental não perder de vista qualquer detalhe, pelo que a maioria das estratégias deve ter avisos para fazer qualquer compra ou venda.

5. Níveis e sinais

Qualquer tipo de modelo de estratégia requer a entrega de sinais que não possam ser confundidos, para que haja um acompanhamento eficaz da entrada e saída do mercado, esta é uma forma de proteger as operações antes da manifestação de perdas, o que também tem grande utilidade para as saídas graduais.

Cada um destes componentes é essencial para ter uma análise precisa, a operação deve ser o mais impecável possível, mas pode ser sempre ajustada aos seus objectivos para desenvolver um desempenho mais eficaz como investidor.

Como comprar moedas criptográficas

As principais formas de comprar moedas criptográficas, é em primeiro lugar através de uma compra ou por mineração, a primeira é uma das mais praticadas, em vez disso a segunda refere-se a uma forma muito mais acessível, por outro lado a segunda é um âmbito de um nível de rentabilidade mais elevado.

A compra destas moedas virtuais não está longe do investimento de mercadorias, a distinção está na plataforma, e actualmente existem muitos websites especializados nesta função, mas esta tem classificações diferentes de acordo com a sua gestão ou desenvolvimento de opções no mercado.

No caso de carteiras de moeda criptográfica, surge uma gama de opções que proporcionam outro tipo de operação e segurança, de acordo com a melhor classificação sobre estes dois elementos, ordenam-se as seguintes alternativas:

- **Carteiras frias**

Corresponde a um hardware, ou seja, um dispositivo físico através do qual as moedas são armazenadas, serve como uma grande protecção contra o roubo, mas é complexo no momento de efectuar determinadas transacções.

- **Aplicações de carteira**

É um software que realiza uma simulação como carteira, o seu acesso é desenvolvido descarregando o seu programa no computador, explorando assim cada uma das alternativas do mercado.

- **Carteiras online**

É um modelo generalizado hoje em dia, o modo de acesso a eles é on-line, é apenas necessária uma simples ligação à Internet, não é necessário efectuar qualquer descarregamento, a vantagem desta escolha é poder efectuar transacções sem qualquer complicação.

- **Casas de câmbio**

Correspondendo a um banco de moedas criptográficas, a operação que fornecem é semelhante a um corretor, é uma forma simples de comprar e ao mesmo tempo vender moedas criptográficas.

Como extrair as moedas criptográficas

É uma segunda forma de investir em moedas criptográficas, e é realizada fazendo parte de um grupo de pessoas que resolvem algoritmos matemáticos, para que possam obter fragmentos sobre a moeda digital que estão a extrair, isto faz-nos pensar sobre como este processo é feito, e o que é preciso para chegar a esse nível.

A primeira coisa de que precisa para minar moedas criptográficas é um computador, e quando procura um nível mais especializado, é necessário implementar uma máquina especial, para isso adere a consideração do valor possuído pela moeda digital que pretende extrair, uma vez que essa é a exigência do poder da máquina.

É essencial estimar que durante estas operações há uma grande procura de consumo de electricidade, isto deve-se ao facto de haver um grande número de pessoas a extrair, o que desafia o potencial das máquinas, a isto se junta a estimativa de rentabilidade, porque se estas despesas excederem o que se ganha, não faz sentido seguir esta linha.

Mas com o tempo são apresentadas várias alternativas às moedas criptográficas da mina, isto é conhecido como mineração de nuvens, o que se faz é contratar uma maior potência mineira sobre uma exploração mineira, quando se ganha um alto nível de poder, maiores são os lucros obtidos.

Por esta razão, em vez de se concentrar em ter equipamento especializado nas suas instalações, só deve pagar por alguns que estão noutro local, mas o desempenho é inferior, para isso existem empresas como a Cloud Mining, onde a energia mineira é cedida.

A rentabilidade das moedas criptográficas mineiras

Pensar nas moedas criptográficas mineiras, não só o faz pensar numa dedicação de tempo, mas como mencionado acima, tudo depende da quantidade de equipamento necessário, por isso, antes de o fazer, as seguintes estimativas são fundamentais como

Equipamento e investimento para o mesmo.

O nível de concorrência no mercado.

Preço ou valor de consumo, para manter uma ligação que permita a exploração mineira.

O arrefecimento necessário para o funcionamento do equipamento.

Com base nestas variáveis é possível tomar uma decisão, bem como uma comparação sobre o nível de rentabilidade que esta opção tem, mas é uma das segundas medidas mais adoptadas após a negociação, pelo que vale a pena estudar as correspondentes possibilidades de tomar o passo adequado.

Melhores estratégias de comércio de moedas criptográficas

A grande quantidade de moedas criptográficas, são uma tentação de tentar gerar dinheiro investindo em qualquer uma delas, é uma grande oportunidade até de ter acções da Apple, ou da Amazon, sendo uma das mais importantes acções disponíveis neste mercado, com tanta variedade, aumenta a importância da decisão de cada investidor.

Por essa razão, trata-se de descobrir a moeda criptográfica certa para investir, e a melhor estratégia que pode facilitar esse investimento, por isso, para aumentar as suas hipóteses de sucesso nestas etapas de investimento, estes truques são semelhantes aos aplicados na especulação com Forex, futuros, acções e outros tipos de mercados.

Estas estratégias realizam um método simples, ao testá-las, pode escolher o que funciona melhor, sem esquecer de manter uma pesquisa atenta às tendências, para que possa funcionar correctamente, pelo que os passos seguintes são muito bem conhecidos e seguros de implementar.

1. Estratégia de compra e manutenção

Este tipo de acção no mundo das moedas criptográficas baseia-se numa acumulação de moedas criptográficas, tentando adquiri-las a um preço baixo, é uma forma de formar um projecto para investir em algum activo que possa ser acumulado quando o seu valor tiver diminuído, o que acontece porque os comerciantes retiram parte do seu investimento.

Este tipo de posição requer confiança para permanecer nesse activo, até que o seu valor melhore, é aconselhável escolher as moedas criptográficas com as quais já experimentou anteriormente, sem esquecer que as razões da queda de um activo, se devem ao movimento das trocas, mas é preciso ter cuidado.

Este tipo de investimento pode tornar-se rentável, uma vez que o desempenho da moeda criptográfica que se tem em mente para aplicar esta estratégia é estudado, porque nem todos têm um rendimento elevado, mas são um meio de ganhar dinheiro rapidamente, pelo que por detrás de cada projecto deve estar uma investigação minuciosa.

2. Estratégias inovadoras

No momento da negociação de moedas criptográficas, este tipo de estratégia pode ser executada, sendo uma das que gera uma margem de lucro elevada, desde que as acções correctas sejam aplicadas, esta opção é realizada em diferentes mercados, porque se desenvolve após as moedas criptográficas que se encontram em fases iniciais no meio de uma tendência.

A fuga é gerida por um conceito que é compreensível para principiantes, bem como para peritos, onde o comerciante continua a procurar pontos de entrada, estes são conhecidos como aqueles em que o preço está prestes a entrar em movimentos de fuga, quer sobre zonas de apoio e resistência que vão noutra direcção.

No mundo das moedas criptográficas, gera-se uma espera ou expectativa do preço, para que este possa quebrar a subida com uma resistência importante, de modo a que uma posição de compra possa ser aberta na queda de algum suporte conhecido como base, isto é o que faz com que uma posição de venda possa ser aberta.

A aposta dentro desta estratégia, centra-se na ruptura, como uma preeminência da resistência, até se esperar que o preço possa descer para a resistência, o que faz com que esta se torne um apoio, para a próxima expectativa de recuperação em alta, procurando que o preço esteja próximo da zona de apoio, para que a volatilidade aumente.

A situação acima referida apenas significa que os preços vão permanecer numa direcção de fuga, para cada topo de fuga é tomada em consideração a volatilidade futura, aumentando assim a consideração dos preços, com ombros duplos-altos, triplos-altos, ombros-cabeças, bandeiras e triângulos como formações de preços.

3. Estratégias de acompanhamento de tendências

Um princípio básico que dá origem a este tipo de estratégia é ter em conta que todos os mercados têm uma tendência ascendente e descendente durante 30% do tempo, o mesmo acontece no mundo das moedas criptográficas, pelo que a aplicação de uma tendência seguindo uma estratégia é eficaz, e com um resultado rentável.

Desde que um comerciante possa entrar e envolver-se numa tendência a longo prazo, são produzidos resultados positivos, algumas tendências de mercado podem manter o seu efeito durante dias, semanas, meses e anos, pelo que este tipo de negociação pode representar um nível significativo de escala.

Este tipo de estratégia é desenvolvido através do estudo de tendências, uma vez que podem ser classificadas, até que o preço esteja em declínio, para lhe permitir entrar para investir, especialmente aproveitando ou aproveitando os preços de compra e venda de oportunidade, uma vez que estão próximos dos altos e baixos do mercado.

Embora se deva ter cuidado a níveis perigosos, pois existe um enorme risco de inversões repentinas, mas em geral esta prática é muito vantajosa, para desenvolver estas ideias, existem muitos sistemas de negociação, especialmente para a negociação Forex, e têm uma margem de sucesso essencial.

Mas ao aplicar sistemas comerciais em moedas criptográficas, é preciso ter em conta a sua qualidade volátil, sem negligenciar as oscilações, para que seja tarde para encontrar o momento certo para entrar no mercado, esses movimentos são fortes, e podem demonstrar uma falsa ilusão da tendência.

Os falsos sinais são aspectos a combater no âmbito desta estratégia, isto acontece devido ao movimento do mercado com a gama de preços, neste momento o factor mental entra em jogo, porque é vita tolerar certas operações perdidas, até que se possa gestar a operação esperada que prossegue uma forte tendência.

4. Estratégia de cálculo da média dos custos do dólar

Esta estratégia não requer tanta pesquisa, nem leva muito tempo a realizar, envolve a compra de uma certa quantidade de moeda criptográfica, são utilizados diferentes intervalos, anda de mãos dadas à medida que o preço sobe ou desce, esses intervalos são normalmente estabelecidos com base em meses.

Este tipo de preço de compra seleccionado pode ser calculado como média e é um ponto de preço muito alto ou muito baixo, e deve resultar num resultado de lucro como se uma soma fixa tivesse sido comprada no mesmo intervalo de tempo, o que é um cenário muito lógico.

O exemplo prático para o compreender, é investir 1000 dólares em Bitcoin, mas em vez de fazer tudo de uma só vez na mesma operação, faz-se uma despesa de 200 dólares no primeiro dia de cada mês, dessa forma pode participar na compra durante 5 meses, sendo uma despesa total de 1000 dólares, mas a compra da Bitcoin é calculada como média depois desses 5 preços.

Isto ajuda o investidor a comprar a moeda criptográfica a um preço mais baixo, por ter aproveitado os meses em que o seu preço diminuiu, isto tem a ver com uma análise da evolução do preço de compra a que teve acesso, podendo assim ser implementada uma análise técnica, para garantir que a média tenha sido bem feita.

Para decidir sobre uma moeda criptográfica, é importante rever o histórico de preços durante os 3 ou 6 meses anteriores, isto ajuda a ter a certeza de que a moeda criptográfica tem opções de recuperação, para isso é vital escolher activos com um longo período de existência como BTC, LTC, NEO, OMG, entre outros.

No meio desta estratégia, deve-se evitar seleccionar moedas que estão em queda livre, muito menos que não haja história de recuperação, uma vez que deixaria de ser rentável optar por essa alternativa, porque não tem uma gama de preços que ultrapasse os máximos anteriores.

5. Estratégia de carteira equilibrada

Ao procurar fazer um investimento equilibrado, vale a pena considerar esta estratégia, que é implementada através da compra de diferentes moedas criptográficas, de modo a ter uma carteira muito mais equilibrada, ou seja, pode pensar em investir em mais de 3 tipos de moedas criptográficas.

Ao ter um orçamento de, por exemplo, $10000, pode atribuir $2000 por cada moeda criptográfica, para que seja um tipo de investimento equitativo, distribuindo também o tipo de risco que corre com estas acções financeiras, provando assim a rentabilidade de cada uma, eliminando qualquer tipo de dúvida.

Desta forma, ajuda a determinar qual a classe de moeda criptográfica com maior probabilidade de sucesso, assim, no próximo investimento, só se pode apostar em duas opções testando os seus movimentos, usando como base de decisão o tipo de lucro que geraram.

Embora os problemas habituais desta estratégia sejam que se houver um lucro de 10% em qualquer moeda criptográfica, este é reduzido pelas perdas obtidas com as outras opções, mas isto também pode mudar a favor, contando com mais do que resultados positivos, é uma distribuição dos riscos.

O melhor conselho para aproveitar ao máximo esta estratégia é investir em moedas criptográficas que estão ancoradas em diferentes utilidades, seja uma moeda dedicada ao capital, outras à segurança, e assim por diante.

6. Estratégia de carteira desequilibrada

Este tipo de investimento deve-se à selecção de uma série de moedas criptográficas nas quais se pretende investir, tendo depois essa ideia clara, procede-se à atribuição de uma percentagem de investimento diferente para cada uma, a diferença entre uma e outra tem a ver com o valor dado pelo investidor.

Para as moedas criptográficas que têm um elevado rendimento, é dedicada uma percentagem maior de investimento, para isso é preciso pensar naquela que apresenta a maior rentabilidade, merecendo assim investir um pouco mais, fazendo com que a carteira seja exposta com um desequilíbrio, seguindo o instinto e a investigação realizada.

As percentagens são determinadas, e utilizadas em cada compra de moeda criptográfica, a menos que os resultados indiquem alguma variação percentual, esta estratégia é ideal para aqueles que gostam de investigar todos os aspectos sobre moedas criptográficas, é importante que cada percentagem seja justificada por uma razão dada pela investigação.

Como negociar em investimento em moeda criptográfica

O investimento em moedas criptográficas é desenvolvido num grande número de plataformas, é importante seleccionar um site que seja de confiança e reconhecido, o mais procurado actualmente é o Coinbase e Binance, em qualquer site escolhido, devem ser desenvolvidos os seguintes passos:

1. **A escolha de uma carteira:** Pense num tipo de carteira que se adapte aos seus propósitos, os que têm as melhores classificações são Trezor, Ledger e Nano S.

2. **Entrar na plataforma de intercâmbio:** Uma vez seleccionada a plataforma a ser utilizada como Troca, é altura de realizar a operação.
3. **Seleccionar o criptograma:** O cripto que deseja comprar, deve localizá-lo na plataforma para o seguir.
4. **Verificar antes:** É importante que antes de cada transacção se possa verificar todos os aspectos, é vital confirmar a quantidade, e continuar a actualizar os anúncios de compra.
5. **Efectuar o pagamento:** Quando tudo estiver correcto, complete o pagamento a partir da sua carteira, para que em poucos minutos possa ter o montante seleccionado.

Estas são as acções simples para realizar o investimento no mundo criptográfico, embora possa complementar estes passos com plataformas que realizam transacções rapidamente, e quanto ao detalhe do método de pagamento, dependendo do que possui, pode escolher uma plataforma compatível com o mesmo.

As estratégias de investimento em divisas criptográficas mais utilizadas em 2021

Desde que possa aprender mais estratégias ou métodos para operar com moedas criptográficas, nesse mesmo sentido obterá sucesso, portanto uma boa forma de aprender sobre este mundo, é seguir as estratégias que têm maior aplicação, para além de ter em conta as condições do mercado e aprender sobre indicadores.

- **Média do custo do dólar (DCA)**

Como explicado acima, esta estratégia é uma das mais escolhidas no mundo das moedas criptográficas, porque se baseia em compras regulares, estas acções levam a gerar uma acumulação, onde se procura fazer um cronómetro dos movimentos do mercado, até se esperar pelo modo adequado.

Estas opções devem estar atentas ao nível de volatilidade que existe no mercado, para que, com o tempo, seja possível medir o quanto a gestão de uma tal compra parcial teria ganho.

- **Análise fundamental**

A análise fundamental é aplicada como uma pesquisa de valor, esse valor que faz parte das empresas, pode ser estimado para saber quanto se pode apostar numa acção, é uma estimativa que ajuda a determinar se o preço actual de uma acção, está bem abaixo do seu potencial ou acima, fornece uma melhor leitura do mercado.

Ao olhar para os números financeiros de uma empresa, sejam vendas, margem de lucro ou outros, pode tomar uma decisão apropriada, porque estuda o tipo de mercado disponível, a concorrência que o negócio enfrenta, isto é semelhante ao controlo das moedas criptográficas, por isso por detrás delas estão os negócios.

Essa estrutura financeira de uma moeda criptográfica deve ser considerada, por isso, quando se trata de praticar esta análise sobre uma moeda criptográfica, é necessário um grande nível de documentação, porque isso ajuda a saber que tipo de activo é, e sobretudo se tem uma procura por detrás dela.

Idealmente, quanto mais transparência houver sobre a moeda criptográfica, melhores decisões poderão ser tomadas, embora este estudo se tenha tornado mais profundo, mesmo tendo em conta a estrutura da rede e o tipo de recompensas por participar nela, mas o básico é seguir o preço actual, a oferta que circula e a capitalização.

O preço actual refere-se a um elemento simples a ter em conta, uma vez que é o valor através do qual é negociado, isto muda dependendo do tipo de Bolsa, o melhor a fazer é consultar previamente um site globalizado como o coinmarketcap.com, a fim de obter uma grande média nas plataformas de troca.

A oferta circulante, esta é a quantidade de moedas criptográficas que estão em plena negociação, por outro lado, isto também representa a oferta total que está disponível num conjunto criptográfico, mas sobretudo é a quantidade que circula no mercado, que é uma distinção a considerar porque causa confusão.

A capitalização do mercado faz parte do preço actual que é multiplicado pela oferta total, este elemento é sempre observado, porque o essencial é obter moedas que podem ser baratas, que é um espaço de crescimento a considerar, mas talvez então não haja tanta vantagem como se espera, por essa razão é necessário observar cada detalhe.

- **Liderança do RSI**

Baseia-se no índice de força relativa (RSI), sendo um indicador que não pode ser ignorado, porque tem um apoio do impulso ou do movimento de compra e venda no mercado, isto exige que haja uma análise da acção mais recente que tem a ver com o preço, e o preço é normalizado com uma escala de 0 a 100.

Por vezes quando o valor é baixo, ou seja, inferior a 30, é entendido como um mercado sobre-vendido, e quando é alto, ou seja, acima de 70, é classificado como sobre-comprado, estas medidas indicam uma alteração de preço, pelo que é importante ter em conta o papel do RSI, uma vez que pode ser localizado num extremo ou no outro.

- **Ruptura comercial**

Uma estratégia popular mencionada acima é o breakout trading, onde apoio, resistência e ideias de canal são consideradas sob uma função especial, estas dependem ao mesmo tempo de outras métricas, estas actuam sobre a acção do preço, o que ajuda a compreender se o seguinte é uma medida de estagnação ou de mudança.

O apoio é utilizado como um conceito que diz respeito à área abaixo do preço actual, bem como a resistência, que é considerada como um termo quando está acima do preço, essa linha é gerada pela acção de diferentes elementos, tais como acção histórica do preço, níveis psicológicos, linhas de tendência e muito mais.

- **Negociar com alavancagem**

A negociação com alavancagem é uma das medidas de maior sucesso, embora seja uma das acções que enfrenta o mais alto nível de risco, é um tipo de negociação que se desenvolve com grandes posições, por isso é para os utilizadores que têm recursos ou capital para levar a cabo esta medida.

Esta é uma forma de negócio que é gerada através de alavancagem, uma vez que se baseia numa medida de empréstimo, o que significa que se quiser comprar 800 dólares em Bitcoin porque tem uma ideia de que vai aumentar, mas só possui 200 dólares, o restante pode ser solicitado à Bolsa, para colocar o resto e os 200 serão uma garantia.

No final da operação, os dólares obtidos como empréstimo devem ser devolvidos, mas o lucro é mantido, é uma forma de multiplicar os lucros, mas também aumenta os riscos noutra direcção, porque o dinheiro pode ser perdido muito rapidamente, pelo que as Bolsas solicitam uma reserva como garantia.

Desta forma, estas estratégias são postuladas, as quais têm uma grande utilidade no presente, porque são os métodos que estão a produzir resultados, e que também são apresentados como os mais rentáveis de acordo com os utilizadores.

Como é utilizado o efeito de alavanca no investimento

A alavancagem é uma relação directa entre capital pessoal e crédito, ou seja, imposta ao que é investido numa transacção, em que o investidor só tem de lidar com o conceito de garantia, para ter acesso a esse montante de fundos, o que permite fazer parte de posições maiores.

O comércio sob esta modalidade, gera uma grande abertura para grandes volumes, através de uma baixa exigência, antes de alguns objectivos elevados, é impossível que conte com benefícios sem optar por esta medida, especialmente quando não se conta com um capital para fazer face às operações.

A alavancagem pode ser vista como uma grande oportunidade, mas pode tornar-se uma espada de dois gumes, porque o risco aumenta quando se usa este tipo de forma no momento de pensar em fazer parte do mundo da moeda criptográfica sob grandes quantidades, tudo depende do tipo de sucesso que se tem.

Para o utilizar, é preciso ter uma grande consciência, mas o melhor indicador para tomar decisões é implementar uma gestão de risco, apoiando assim os movimentos contra, pelo que a abordagem precisa de se concentrar numa visão realista, os corretores estabelecem um limite de alavancagem, dependendo do instrumento de investimento.

A forma inteligente de usar a alavancagem nas negociações é conhecer o número de corretores que abrem o caminho para um montante estimável para os seus objectivos, onde Broker XTB, Broker Plus 500, Broker ActivTrades, e muitos mais se destacam com um nível de atractividade a considerar.

Passos para o comércio de divisas criptográficas

Antes de começar a negociar moedas criptográficas para gerar rendimentos, é melhor aplicar uma ordem lógica para que possa alcançar o sucesso financeiro, seguindo os conceitos é fundamental na escala de um principiante, para ganhar confiança em cada passo que der:

1. Escolha uma plataforma

Pensar numa plataforma, é certificar-se de que ela tem uma regulamentação legal, uma vez que funciona como uma protecção para operar mais confortavelmente, é vital utilizar aqueles que estão licenciados para que o seu dinheiro esteja seguro.

2. Define o limite de risco

A gestão do risco e a tolerância é um limite que ajuda a não perder os objectivos estabelecidos, muito menos a perder tanto dinheiro, por isso, se preferir ter uma alavanca ou outra preferência que gere segurança, é essencial ter uma leitura da reacção.

3. Determina o capital de investimento

Cada aspecto das finanças merece ser organizado, para que os investimentos possam ter um objectivo e um cuidado óptimo, procurando alcançar o equilíbrio mais positivo possível, embora quando se tem um capital elevado, maior seja a oportunidade de formar uma estratégia melhor.

4. Constrói uma carteira

Isto tem a ver directamente com o capital, porque quando os números funcionam como um grande apoio, as suas aspirações de duplicar o rendimento, tornam-se acções mais versáteis, para que possa ter uma carteira, onde cada um dos investimentos a serem feitos é rastreado.

5. Imposição de limites máximos de perdas e lucros

O acaso não é um grande aliado no comércio de moedas criptográficas, por isso é essencial impor tectos que possam ser usados como guia para controlar perdas e ir em busca de lucros.

6. Aplica todas as ferramentas de aprendizagem

A aprendizagem sobre as moedas criptográficas não pára, especialmente quando se trata de análise técnica de preços, cada nova tendência é uma forma de criar uma estratégia eficaz que seja consistente.

7. Para cima ou para baixo

É essencial ter uma postura de expectativa, se for uma expectativa de que uma moeda criptográfica irá aumentar ou sob negócios a curto prazo, que ajuda a saber se está a negociar a longo ou curto prazo.

8. Atenção nas notícias

No mundo das moedas criptográficas, o aspecto social e financeiro influencia, que é uma vantagem concentrar-se nesses operadores, é uma aparência da situação actual que o mercado está a viver.

Truques para fazer parte do comércio

A compilação de truques para negociação, funciona como um guia em si, embora não exista uma forma milagrosa, estas estimativas são muito úteis, pois são pontos-chave que muitos comerciantes são impostos como regra, e evita que erros comuns possam ser cometidos, pelo que conhecendo-os, aumenta a sua capacidade como investidor.

Estes truques podem ser seguidos na negociação, bem como em qualquer outro tipo de instrumento financeiro, sejam os mercados de divisas, acções, forex, mercadorias e muito mais, podem ser orientados para os aspectos de que mais necessita para gerar rendimentos, sem esquecer que a atitude é um elemento chave.

- O comércio de moedas criptográficas envolve levar cada processo a sério, porque é um negócio em si, pelo que não deve ser uma relação.

- As emoções são postas de lado quando se trata de tomar decisões relacionadas com as moedas criptográficas, pois tanto a ganância como o medo são maus conselheiros, e o sucesso depende de ter certos aspectos psicológicos sob controlo.
- Investir em moedas criptográficas é um processo que requer paciência, não se pode pensar em tornar-se milionário numa única operação, ou mesmo numa data específica.
- As expectativas no comércio devem ser extremamente realistas, caso contrário, não avançará.
- O pessimismo também não é uma ajuda no comércio, o sucesso é possível com a prática, a análise, e nunca parar de aprender, porque as moedas criptográficas possuem uma tendência muito surpreendente de escalada e inovação, não há razão para desistir dessa formação de rendimentos sem lutas.
- A leitura é um recurso essencial durante a aprendizagem do comércio, especialmente para compreender muitas estratégias que são impostas ao comércio, quando não se lê o suficiente, apenas se segue uma estratégia sem sentido, e é difícil escolher entre qualquer uma delas.

- No início é melhor tentar estratégias simples, para que possam ser ajustadas aos objectivos do seu plano comercial, a simplicidade é a chave para gerar rendimentos.
- Ao praticar, pode pensar directamente sobre a prática ou formação em contas de demonstração para ganhar confiança.
- A rentabilidade do comércio não conta com segundas escolhas, a base persiste na disciplina, no trabalho e na paciência.
- A operação dentro da negociação deve ser com dinheiro que pode ser perdido, ou seja, não deve ser uma solução em si para os problemas económicos pessoais que tem, mas como uma fonte alternativa de rendimento.

A psicologia do comércio

O sucesso da negociação, como uma das formas de investimento em moeda criptográfica, depende de certos factores-chave, em primeiro lugar é o próprio investidor, que deve realizar cada acção com base no conhecimento e experiência, isto é obtido através da prática constante e dedicação para compreender cada detalhe.

Mas tudo isto é processado directamente pela mente do investidor, uma vez que tem um impacto directo na atitude, procurando que as emoções sejam completamente controladas, para não perder de vista o caminho certo como investidor, o sucesso nesta actividade não está distante de outro aspecto da sua vida diária.

Como se praticando um desporto, da mesma forma, é necessário realizar uma grande preparação, tanto psicológica como em conhecimento, para que se possa aproveitar ao máximo as oportunidades, e superar os obstáculos, por esta razão a psicologia do comércio é vital para um principiante desenvolver o seu próprio estratega.

1. Medo

O medo não é um grande companheiro para assumir os riscos envolvidos num investimento, numa operação, este tipo de sentimento pode ser dividido de duas formas, pode surgir alguma oportunidade, e por causa do medo de deixar passar essa alternativa, é uma forma de perder a ousadia.

Outra situação é que tem um comércio aberto, e o medo faz com que ele feche muito antes de atingir o ponto óptimo, pelo que, sendo vítima do medo, faz com que não se abra aos eventos positivos do comércio, ao qual só se pode ter acesso quando se permite perder dinheiro.

2. Ganância

Uma emoção muito habitual no aspecto do investimento é a ganância, uma vez que qualquer utilizador procura ganhar cada vez mais dinheiro, mas isto a dada altura gera uma abertura excessiva de negócios, o que é uma grande atracção de riscos que se tornam desnecessários e mesmo ilógicos.

Num mercado não se pode perder o controlo, uma vez que isto faz com que as operações sejam impostas sem uma medida intermédia, porque não há paciência para avaliar o tipo de oportunidades que surgem, pelo que é essencial ter calma, em vez de apenas duplicar e triplicar o dinheiro disponível.

As chaves para pôr de lado estes dois inimigos são as seguintes atitudes desenvolvidas pelos investidores mais bem sucedidos do mundo:

- **Confrontar as operações de perda**

Temem-se surtos no mundo do investimento, quando é um mau momento, pensa-se em encontrar um ponto ou elemento culpado, ao ponto de mudar repentinamente de estratégia, já que se pensa que as perdas foram geradas devido a um sistema mal feito.

A mudança de estratégia não é uma solução em si mesma, especialmente porque a perda faz parte da negociação, a percentagem de perda é típica até dos comerciantes mais experientes, uma solução para este cenário é manter um grau de tolerância ao erro, para evitar que o medo assuma o seu desempenho.

- **Sensibilidade com operações vencedoras**

Algumas operações positivas são uma motivação justa, mas deve evitar-se que sejam um mau exemplo a seguir, ou seja, causam uma cegueira estimável, porque antes de negociar ninguém é infalível, ninguém é imune a perdas, para além do facto de que ninguém gosta de perder, é um facto com o qual se deve viver.

Fazer parte da negociação é enfrentar um risco constante, pelo que a ideia de aceitar é que é fácil perder dinheiro, por essa razão o excesso de confiança é uma forma fácil de obter resultados negativos, porque se corre mais riscos, além de não aceitar os seus erros.

- **Pensamento positivo**

A operação de uma visão positiva é fundamental, porque isso significa que existe um elevado nível de crença sobre a estratégia, fazendo com que as operações bem sucedidas possam aparecer, caso contrário com pensamentos negativos são apenas um apelo directo a erros, prestando mais atenção ao medo.

A linguagem interior positiva cumpre uma orientação muito mais eficaz, porque é uma auto-confiança mais consciente, para avaliar os factos do comércio de uma perspectiva construtiva, a melhor receita para não falhar é ater-se às ideias que podem sustentar cada passo.

- **Realismo total**

A consciência do que as suas acções são capazes de fazer, e do que não são, é vital para ter essa capacidade de reagir às ocorrências do mercado, porque se assume que o mercado é uma grande infinidade de actos e assuntos que não podem ser limitados a um controlo, para que uma transacção possa ter a mesma possibilidade de ganhar que perder.

O que pode realmente controlar é o próprio investidor, a forma como age pessoalmente é o que estabelece a tendência no tipo de resultados que pode obter, por isso o que deve prestar atenção é a forma como procura uma oportunidade de investimento, e a base para tomar certas decisões.

- **Domínio das emoções**

Emoções como o medo e a ganância, são habituais dentro do investimento, mas o seu controlo ou restrição, é o que marca um antes e um depois, com a experiência, isto está gradualmente a ser deixado de lado, o sistema de comércio pessoal deve estar a melhorar com cada resultado, que é a missão básica.

A solução para alcançar esta escalada, é explorar ao máximo uma conta demo, porque ajuda a criar uma nota pessoal para ter ou assumir uma posição clara, com estes testes pode optimizar as suas reacções, para que tenha uma melhor leitura sobre o mundo do investimento.

Como trocar as moedas criptográficas, passo a passo

Compreender passo a passo a aplicação do comércio de moedas criptográficas é um fluxo contínuo para desenvolver operações eficazes sob esta metodologia:

- **Análise fundamental, após a moeda criptográfica da sua escolha**

A negociação de moedas criptográficas em diferentes plataformas é interminável, por esta razão pode ser complicado escolher a oportunidade de investimento que se tem, é melhor optar pela de maior capitalização de mercado, para além do nível de consolidação que se desenvolve, ou também algumas de baixa capitalização são uma grande alternativa.

Face a este cenário cheio de dúvidas, é essencial realizar uma análise fundamental, onde se analisam as características técnicas, os concorrentes e muito mais, a isto se junta o estudo do ranking das moedas criptográficas, para seguir um dos caminhos mais populares, o pensamento a seguir é um potencial para o futuro, juntamente com a situação actual.

- **Análise técnica de preços**

Quando uma moeda criptográfica pode despertar o seu interesse, a próxima coisa a fazer é medir a situação actual, não esquecendo de ter em conta os padrões psicológicos, alinhá-la com os indicadores matemáticos, obter uma ideia da direcção do preço, pode ser uma tendência de alta com uma posição longa.

Enquanto, por outro lado, deve haver uma tendência para a baixa com posições curtas, até ser alcançada a zona de não-comércio, onde os estudos são inconclusivos, cada posição deve manter um sentido de estudo.

- **Situação do mercado**

A opinião de outros comerciantes sobre uma moeda criptográfica é útil para escolher algum caminho, por isso cada notícia tem uma grande utilidade e impacto no preço, para que possa analisar esses movimentos até obter uma vantagem.

- **Ferramentas adicionais**

Tendo decidido sobre o caminho ou rota do investimento, bem como se deve seguir uma tendência ascendente ou descendente, então envolve lidar com outras alternativas, em que surge a perda stop, em que a percentagem que não permite que as perdas aumentem a partir desse valor é fixada, e o lucro stop refere-se ao valor do activo sobre o qual a operação é encerrada.

Por outro lado, a alavanca pode ser aplicada para aumentar a exposição e o risco, até à intervenção da paragem dinâmica da perda, para estar atento quando um activo se move a favor.

- **Posição aberta**

Pensando em cada detalhe, permite-lhe abrir posições para negociar moedas criptográficas, curtas ou longas, é uma execução para fazer parte do mercado, pondo em prática as estratégias de preferência sobre o investidor.

Tipos de comércio

Para além de estabelecer uma estratégia comercial, há uma profunda consideração dos tipos de comércio que podem ser desenvolvidos ou realizados num planeamento abrangente, o essencial é que se possa tirar o máximo partido destas modalidades:

- **Negociação Intraday**

A negociação intradiária baseia-se na abertura e fecho de transacções num dia, procurando gerar receitas rapidamente, seguindo os movimentos de preços intradiários, uma vez que as posições não são mantidas abertas após o fecho dos mercados, evitando assim os riscos ao não as manter durante a noite.

- **Escalpagem**

A escalada baseia-se numa modalidade de negociação intradiária chamada alta frequência, sob este desenvolvimento procura-se pequenos lucros, através de um grande número de operações, são posições abertas sob uma linha de tendência que entram e saem do mercado, estas operações são de muito curto prazo.

- **Comércio de tendências**

Este tipo de comércio é muito semelhante ao escalpe, porque é realizado sob uma posição onde se segue uma linha de tendência, onde o objectivo do comerciante de tendência é aumentar os lucros, mas é deixado em aberto a maior parte do tempo, à espera de um conveniente movimento de preços.

- **Swing trading**

É totalmente dedicado às oscilações de preços, isto é realizado durante uma tendência, para que se possa tirar o máximo partido do lado volátil que faz parte do mercado, com movimentos em ambas as direcções porque são mercados em constante evolução, isto causa mais oportunidades de lucro.

- **Posição comercial**

Este tipo de negociação, que exige estar numa posição por um período de tempo que exceda um dia, pode ser uma forma de negociar durante semanas, meses, ou mesmo anos, o que implica que sejam realizadas menos operações ao contrário das outras, pelo que é ideal para aqueles que procuram um investimento a longo prazo.

- **Comércio automatizado**

A negociação automatizada corresponde à utilização de um programa através do qual as ordens de negociação podem ser oferecidas, para serem desenvolvidas automaticamente, este tipo de sistema tem uma concepção simples, bem como complexa, o importante é que podem ser personalizadas para cumprir os objectivos impostos.

O que deve saber sobre Intercâmbios

A primeira coisa a esclarecer quando se trata de Trocas é expor o seu conceito, é uma plataforma online que permite trocar, ou seja, comprar e vender moedas criptográficas, dentro desta dinâmica é também o nome ou função de uma casa de câmbio "corretora", que é como uma loja online dedicada à revenda de criptogramas.

Estes serviços em linha podem levantar a questão do tipo de comissões que são impostas, uma vez que cada casa de câmbio actua como um intermediário em si, por essa razão há custos a ter em conta, tais como os seguintes:

- **Taxas aplicadas ao método de pagamento**

A maioria das Bolsas não impõe comissões deste tipo, mas quando o emissor faz um pagamento, para comprar algum tipo de moeda criptográfica, seja através de um depósito, ou qualquer outro meio, é normalmente acrescentada uma comissão, ou como também pode ser um custo para a troca de moeda, como é habitual com a compra de Bitcoin com euros.

- **Taxas de transacção**

É essencialmente o spread, assim como as comissões originadas por cada transacção, este tipo de cálculo é gerado pelo volume negociado, que pode ser fixo ou variável, tudo dependendo dos preços de mercado.

- **Taxas de levantamento de saldo**

Ao depositar dinheiro na conta, assim como ao comprar qualquer moeda criptográfica, surge uma comissão, o mesmo se aplica ao levantamento do saldo, normalmente são estabelecidos dois tipos de comissões, a primeira depende do método de pagamento, e a segunda com base na taxa de câmbio da moeda.

Os métodos de pagamento habituais que podem ser incorporados no funcionamento da Bolsa, estão a tornar-se cada vez mais amplos, entre os quais o cartão de crédito ou débito, sendo uma das alternativas mais dispendiosas, porque impõem comissões até 3%, por outro lado é o Paypal como outra opção dispendiosa, atinge até 4% de comissão.

A estes métodos juntam-se as transferências bancárias, sendo uma das formas mais utilizadas, e as comissões são estimadas até 1%, até os depósitos em moeda criptográfica surgem, embora não seja muito útil começar a investir do zero, mas quando se possui determinadas moedas e se pretende trocá-las por outras, então é viável.

Como escolher a melhor casa da cambio para investimento

As dúvidas aumentam quando se trata de escolher uma casa de intercâmbio com espaço para o crescimento, mas é fácil ficar cego pelos anúncios modernos, uma solução para isso é aplicar os seguintes critérios para escolher uma opção adequada:

1. Disponibilidade de moedas criptográficas

Dependendo do número de moedas criptográficas disponíveis, pode ser tomada uma decisão, a este respeito, nem todas as casas de câmbio cumprem, mas abstêm-se de um número muito mais limitado de opções, pelo que quanto maior for o número, melhor será a probabilidade de encontrar a moeda criptográfica que tem um grande potencial de rentabilidade.

2. Comissões e métodos de pagamento

Os custos variam de uma casa de câmbio para outra, cada uma impõe uma política diferente, pelo que antes de escolher uma, é uma obrigação medir todos os custos envolvidos, especialmente com base no método de pagamento utilizado, bem como a taxa que têm pela utilização de spreads e pela eliminação do saldo.

A estas estimativas, a forma de pagamento das suas moedas está integrada, uma vez que é um requisito que a Bolsa lhe permite utilizar o método de pagamento que possui, pelo que é essencial procurar um espaço que lhe permita operar sem qualquer limitação.

3. A decisão sobre a carteira

Várias casas de câmbio oferecem o serviço ou modalidade de carteira, isto significa que pode ter a aquisição de moedas criptográficas no mesmo local da carteira digital, poupando qualquer acção de registo em qualquer Bolsa adicional.

4. Segurança

Qualquer casa de câmbio deve ser medida sob o factor de segurança, o que implica que pode oferecer liquidez, também que pode transportar ou ter um valor elevado em moedas criptográficas de centenas de milhões, o que prova o nível de fiabilidade, e a isto se acrescenta que têm fundos de depósito offline, que têm uma protecção contra ataques.

5. Limites de depósito ou levantamento

Tal como escolhe um banco, pelo tipo de montante que lhe permite mover-se, o mesmo acontece com a casa de câmbio, o mais aconselhável é que seja de acordo com as suas possibilidades económicas, ou seja, nem tão baixo, nem tão alto para o que precisa.

As melhores trocas para comprar e investir em moedas criptográficas

Uma vez conhecidos os aspectos fundamentais que influenciam a escolha de uma Bolsa, a próxima coisa a ter em conta é a popularidade, assim como o grande número de utilizadores que tem, cada parâmetro acima mencionado é considerado para descobrir as melhores Bolsas.

- **Bitpanda**

É uma plataforma com grande popularidade, permite-lhe comprar moedas criptográficas, assim como metais preciosos de uma forma simples, pode investir tão pouco como um euro inicialmente, e encontrar mais de 30 activos disponíveis, como para o serviço ao cliente, têm um modo activo 24 horas por dia, 7 dias por semana.

Tem uma forma de operar ligada a carteiras seguras, bem como as que estão offline, não impõe qualquer risco, e cumpre os regulamentos impostos dentro desta área, basta criar a conta, verificá-la, e fazer um depósito de 25 euros para pensar em investir com uma grande carteira pessoal de activos.

- **Binância**

É uma das bolsas que tem carteira incluída nos seus serviços, tornou-se uma das mais utilizadas na China, e é uma das maiores do mundo, tem transacções de mais de 100 moedas criptográficas, a sua popularidade baseia-se na oferta de segurança, liquidez, e também o serviço ao cliente, está disponível em várias línguas, além disso.

No meio do desenvolvimento desta Bolsa, tem a sua própria moeda criptográfica, sem deixar de lado que fornece concursos, material de aprendizagem para principiantes e muito mais, é uma forma de negociar abertamente.

- **Coinbase**

Esta é considerada uma das maiores casas de câmbio do mundo, opera em mais de 100 países, desde 2012 tem vindo a desenvolver serviços deste tipo, e 97% dos seus fundos estão sob armazenamento seguro, com diferentes modalidades de acesso para facilitar a vida a qualquer tipo de utilizador.

É importante que antes de qualquer operação consulte o tipo de comissão envolvida, para além de encontrar o método de pagamento compatível com as suas aspirações, tornando-se assim uma escolha segura para os seus interesses.

- **Bitfinex**

É uma plataforma de troca e negociação disponível para qualquer projecto, está também disponível para a compra e venda activa de moedas criptográficas em dinheiro, e em margem enquanto negoceia, embora tenha uma grande variedade de activos, os seus métodos de pagamento estão restritos apenas a depósitos em moedas criptográficas e transferência bancária.

- **Líquido**

Esta casa de câmbio japonesa, tem um volume de transacções muito impressionante, por isso está posicionada como uma das melhores, permitindo comprar até 69 fichas, para além de dar acesso a uma plataforma de negociação, para que possa negociar com centenas de moedas e está facilmente ligada à carteira.

- **Kriptomat**

É uma das melhores alternativas para fazer parte do investimento em moedas criptográficas, sob o método de pagamento por cartão de crédito, tornando fácil fazer parte deste mundo, é uma plataforma que não gera qualquer complicação, e é ideal para utilizadores novatos, uma vez que cada opção está bem explicada.

- **Bitstamp**

É considerada uma das maiores trocas na Europa, pelo que o seu funcionamento é importante a nível continental, e foi premiada como uma das quatro trocas que determinam o preço do Bitcoin, abrindo caminho para um nível de fiabilidade mais elevado.

Mercados de previsão a considerar em 2021

As previsões de mercado estão ancoradas no tipo de tendência predominante no mundo, que pode ser o Super Bowl, bem como a final do Campeonato do Mundo, tais impactos para o mundo, criam uma ampla previsão em termos de mercados a considerar.

Mas, é crucial saber o que é um mercado de previsão, isto é conhecido como uma forma de comércio de probabilidade, tudo é estimado com base no resultado de algum evento, para chegar a esse nível é vital ter uma recolha de informação, uma vez que há muitos factores envolvidos sobre estas etapas.

Embora, quando se trata de precificação, a participação num mercado de previsão faça sentido, esse tipo de precificação engloba o valor das acções que se encontram no mercado, cada previsão reflecte o que os participantes irão acreditar ou estimar como resultado final, baseia-se num evento da vida real que envolve uma escolha.

Sempre que as moedas criptográficas se expandem de uma forma geral, a própria tecnologia da cadeia de bloqueio tem soluções, e contribui para um modelo descentralizado, razão pela qual os mercados de previsão servem como protocolos descentralizados para alterar o resultado dos eventos em algoritmos através do cumprimento de condições.

1. Augur

É um mercado de previsão descentralizado, que foi originado pelo protocolo ERC-20 pertencente ao Ethereum (ETH), foi desenvolvido desde 2014, representa um dos mercados de previsão de base, para cumprir essa missão de democratização das finanças, e em 2018 foi emitido um comunicado ao público.

Uma das principais qualidades deste mercado é que é desenvolvido como um modelo totalmente descentralizado, para que qualquer utilizador seja capaz de criar ou gerar um mercado em qualquer tipo de evento relacionado com a vida real, da mesma forma que destaca a negociação de moeda que é desenvolvida.

Por outro lado, existe a possibilidade de impor taxas comerciais e um fornecimento ilimitado de fichas, surge também o estabelecimento de um sistema de resolução comunitária incentivado, uma vez que garante a resolução exacta dos eventos que foram concluídos, angariando assim mais de 5 milhões de dólares e ainda em crescimento.

2. Gnose

Este foi moldado como um dos maiores mercados de previsão, e é classificado como um dos primeiros dApps na rede Ethereum, no meio deste mercado é aplicado crowdsourcing procurando determinar o resultado de diferentes situações na vida, isto causa uma característica de instauração de mercado aberto.

Qualquer utilizador pode criar um mercado baseado na previsão, emprega um sistema de duas fichas, até uma distribuição de fichas sobre uma grande porção centralizada, foi classificado como um dos maiores OIC mais rápidos da história, é semelhante a Augur, por essa razão são os maiores em termos de previsão.

3. Stox

Este é outro mercado de previsão que segue o protocolo ERC-20 do Ethereum, tem a mesma dinâmica de outros mercados, procurando um desempenho descentralizado, no meio do desempenho é permitida a criação do mercado aberto, com a utilização da ficha nativa STX, é uma moeda útil para o comércio.

No caso do símbolo do Bancor, tem uma liquidez reservada, ao que se incorpora o oráculo e a resolução de litígios como uma das funcionalidades mais notáveis, mas é um dos mercados mais controversos e criticados por ser acusado através da Securities and Exchange Commission dos Estados Unidos.

4. Delphy

É um dos mercados construídos como uma previsão social móvel, está ligado na rede Ethereum, a sua acção pertence à previsão de moedas criptográficas, até incluir a consideração de eventos na vida real, e a sua dinâmica possui uma qualidade de alta velocidade de transacção.

Delphy tem o seu próprio símbolo para o comércio, até ao exercício centralizado do oráculo, para cada evento esta medida é personalizada, tem um foco chinês e asiático de grande magnitude, no qual se desenvolve uma grande capacidade de criar o futuro, na qual todos os utilizadores participam.

A diversidade das moedas criptográficas

A estimativa das moedas criptográficas é superior ao montante de 2000, cada semana é apresentada uma criação diferente, este processo é conhecido como ICO, entre os mais populares estão Bitcoin, Dash, Neo, Tron, Litecoin, Ripple, Monero, entre outros, este é amplo e pode ser consultado até à sua base legal, com a respectiva citação.

As propostas de moedas criptográficas não param, todos os aspectos permanecem sob inovação, especialmente a questão de IPOs de diferentes empresas, isto é notável sob a utilização de ICOs, isto cumpre a função de financiamento de projectos empresariais, o que gera acesso para a fundação de novas moedas virtuais.

Isto faz-nos pensar em que tipo de moedas criptográficas investir, isto é respondido pelas formas de investir nelas, uma vez que existem duas formas de o fazer, primeiro através da negociação e, por outro lado, através da extracção de moedas virtuais, o que aumenta a relevância de escolher correctamente o activo e a forma de o explorar ao máximo.

Em tempos recentes, o tipo de moedas criptográficas mais rentável foi medido, ou seja, determinado sob o desempenho de cada uma, para contar com esse tipo de lucro, que pode ser visualizado como se segue:

- **Aave:** Tem um rendimento acumulado de 6398,22% no último ano de 2020.
- **Kusama:** Tem um rendimento elevado de 5222,37% durante o ano passado.
- **Celsius Netowork:** O rendimento é de cerca de 3843,88% como o rendimento mais recente.
- **Protocolo de Banda:** Tem uma rentabilidade de 2850,66% do desenvolvimento do ano passado.
- **Ficha Theta:** Com base na acumulação de 2299,39% no último ano.

Cada um destes sectores é impulsionado pela tecnologia, cada plataforma é utilizada para fazer trocas comerciais numa base diária, isto gera que cada moeda possa ser colocada num lugar privilegiado, isto merece uma atenção especial de modo a não descurar a oportunidade de investir no sector mais atractivo.

As moedas criptográficas mais rentáveis

A rentabilidade actual de uma moeda criptográfica não garante que terá uma certa rentabilidade no futuro, ou seja, uma máxima do comportamento do mercado, especialmente quando a evolução deste tipo de moeda é tão volátil, pelo que o potencial de alterações é a ordem do dia, com base nas cotações mais bem sucedidas destacam-se as seguintes moedas:

1. **Bitcoin**

Para além das aparências de moedas criptográficas, a Bitcoin continua a ser um dos melhores investimentos em termos de moeda criptográfica, o seu nascimento marcou um antes e um depois, por isso há muitas razões para pensar em investir na Bitcoin, embora existam moedas com maior valorização, a Bitcoin é a que tem o melhor futuro.

2. Ethereum

Esta é a segunda alternativa ao Bitcoin, é também uma das segundas melhores moedas capitalizadas, o seu poder está centrado no desenvolvimento ou gestão de aplicações inteligentes, por essa razão o Ethereum e o Ether foram reconhecidos como os mais rentáveis em 2020.

3. Ripple

Baseia-se numa das moedas com maior capitalização depois das anteriores, o seu crescimento é também um aspecto notável, por isso tem um elevado potencial financeiro, e não é uma moeda nova ou novata, mas tem 5 anos de experiência com uma base tecnológica, e permite até 1000 transacções por segundo.

4. IOTA

Corresponde a um dos projectos mais rentáveis, porque deixa uma pegada profunda no sector da moeda criptográfica, procura adicionar um grande número de moedas virtuais na Internet, mas com a diferença de que utiliza uma tecnologia Tangle, sendo uma modalidade muito mais escalável e rápida em comparação com a blockchain.

5. NEO

É chamado ou classificado como o Ethereum da China, o futuro é estimado no mercado asiático, é um aspecto das moedas criptográficas com muito futuro, embora o governo chinês tenha uma participação directa nesse sector, rebentando com o lado descentralizado que é habitual neste mundo.

Qual o investimento a escolher no mundo das moedas criptográficas?

O mundo das moedas criptográficas oferece muitas oportunidades a aproveitar, mas como começar e ter sucesso é o desconhecido, estes caminhos são em grande parte uma decisão pessoal, mas os preferidos são o Bitcoin e o Ether, sendo os principais pilares deste tipo de finanças modernas.

Mas dentro de cada rede, as opções abundam, no caso do Ethereum, a alternativa das moedas estáveis pode surgir, sendo uma moeda criptográfica que é criada através de blocos Bitcoin, com o objectivo de sustentar o preço de mercado, e está ancorada nos activos aos quais está ligada.

O etéreo é actualmente concebido como um enorme ecossistema, tem um grande impacto nas finanças descentralizadas, atingindo um valor de 43 triliões, justificando assim a escolha da empresa deste tipo de moeda criptográfica, mas o papel proeminente da Ada não pode ser negligenciado.

Ada cryptocurrency é um activo com muita projecção, como também é muito marcante o Lumen, sendo um ponto intermediário para a conversão de moeda, é um mundo interessante com grandes projectos, e cada avanço postula um movimento volátil, por isso, para superar qualquer nível de incerteza é fundamental inquirir.

As vantagens e desvantagens de investir em criptoassetes

As questões das moedas virtuais não são simples, isto deve-se à sua má compreensão, porque é difícil para qualquer cidadão fazer parte desta dinâmica, muito menos da figura do fiat money, assim chamado porque não é apoiado por qualquer activo, para compreender que se baseia numa série de códigos armazenados com um valor elevado.

Desde a criação do novo sistema de dinheiro electrónico imposto por Satoshi Nakamoto, a paixão por estes métodos descentralizados cresceu, independentemente do tipo de apoio que o banco central tenha, é uma ideia completamente revolucionária, o atractivo de investir neste sector é elevado.

As vantagens a serem consideradas para entrar neste ambiente financeiro são as seguintes:

1. Considerado como moeda global

As moedas virtuais não têm qualquer tipo de regulamentação, ou seja, nem o Estado, nem o banco ou qualquer outra instituição semelhante intervém, o que significa que a sua utilização não pode ser controlada por qualquer fronteira, mas representa uma escala global, e a sua utilização tem sido comparada à dinâmica do correio electrónico.

As moedas criptográficas são dominadas pelos utilizadores, as alterações devem ser assumidas e transmitidas pelos utilizadores, para além de qualquer melhoria no software.

2. Eles têm segurança

Em termos de contrafacção ou duplicação de moedas criptográficas, a incidência é menor, é praticamente impossível, uma vez que é uma técnica criptográfica que impede este tipo de eventos, ou seja, cada utilizador tem uma chave criptográfica diferente, fazendo com que qualquer pessoa possa realizar livremente operações digitais.

3. Um grupo de moedas criptográficas é deflacionista

No caso de moedas criptográficas como Bitcoin e Litecoin, é uma questão limitada que eles têm, ou seja, Bitcoin atinge até 21 milhões, enquanto que Litecoin atinge 84 milhões, é uma redução que é causada ao longo do tempo.

4. Estes são intercâmbios irreversíveis

Uma vantagem do mundo das moedas criptográficas é que elas são executadas através de operações irreversíveis, o que significa que nenhum terceiro é capaz de cancelar ou modificar a transacção uma vez realizada, isto deve-se ao facto de não estarem regulamentadas em nenhum organismo central, nem existe um acesso que interfira dessa forma.

5. São bens que têm um carácter imediato

As moedas criptográficas satisfazem a qualidade do comércio electrónico, onde os pagamentos são desenvolvidos sob um nível de imediatismo, ajudando a gerar uma ligação com clientes ou utilizadores internacionais, é um método de pagamento versátil que quebra qualquer barreira, criando um processo de troca global, sem atrasos ou intermediários incómodos.

6. Qualidade como um bem transparente

Cada transacção feita com moedas virtuais, é realizada através da tecnologia Blockchain, isto faz com que as acções sejam públicas, que o ficheiro permaneça numa cadeia de blocos, e que o seu backup esteja localizado em computadores diferentes, que o armazenamento esteja disponível para qualquer utilizador.

Para além destas vantagens, há certos elementos negativos que não devem ser ignorados, pois são razões pelas quais certos sectores da sociedade estão a afastar-se desta opção, cada investimento futuro deve considerar o seguinte:

1. **Elevada possibilidade de perda de dinheiro**

Não há dúvida que um dos maiores perigos deste mundo de investimento, como todos os outros, é o risco envolvido, mas isto vem juntar-se a qualquer tipo de descuido que ocorra com a gestão da carteira, uma vez que depende do backup da password, e evitar os hacks que afectam o dinheiro virtual.

2. **Alterações negativas devido à falta de regulamentação**

Actualmente, como mencionado acima, existem avanços na regulamentação das transacções em moeda criptográfica, assim como instituições que regulam as transacções e pertencem à União Europeia, pelo que qualquer alteração legal pode afectar o nível das moedas virtuais que possui ou a forma como opera.

3. Desconfiança dos utilizadores

Embora a tendência da moeda criptográfica se tenha tornado popular, existe ainda um elevado nível de cepticismo quanto ao comércio com os utilizadores, especialmente devido às flutuações de preços, bem como à falta de conhecimento, o que dificulta a comercialização destas moedas virtuais.

Os melhores corretores de demonstração

Da mesma forma que se compra um artigo a fundo, com a mesma abordagem deve praticar o investimento antes de dar esse passo para um mundo volátil, para que se possa ganhar confiança e ter acesso a corretores de demonstração, isto ajuda a aprender muito mais, e a ter em conta as características e garantias.

Antes de investir dinheiro real, não há dúvida de que uma opção chave é testar antecipadamente para seguir uma linha muito mais segura, pode obter uma conta demo para o ajudar a escalar, tendo uma maior familiaridade com as funções de um corretor, pode começar com estas alternativas:

- **Plus500**

Permite praticar a negociação com acções, índices, mercadorias, e especialmente moedas criptográficas, tem um regulamento de apoio às suas operações, permite cumprir acções de demonstração ilimitadas, além de ter acesso a todo o tipo de dispositivos, com aplicações de todo o tipo.

Para ter uma conta demo, basta ter um e-mail, senha e encontrar cada opção que faz parte deste software, pode usar uma conta no Facebook ou Google, para que tenha um saldo fictício de até 40.000 euros, é muito fácil de usar e tem alertas de movimentos de mercado.

- **xStation**

A fim de ter a possibilidade de ter uma base de negociação, esta é uma opção eficaz, com uma plataforma preparada para uma grande variedade de dispositivos, o registo depende apenas do e-mail, nome e identidade, tipo de conta e senha, o saldo fictício é de cerca de 20.000 euros, por um limite de 4 semanas de operação.

- **eToro**

A prática de negociar com moedas criptográficas torna-se uma realidade através desta resposta, tem um regulamento legal para desenvolver todo o tipo de trocas comerciais, pode ter acesso a partir do website, bem como a partir de algum dispositivo móvel, embora sem se registar possa observar as funções.

Os mercados de investimento do eToro são muito diversos e atractivos, os únicos dados necessários são a identificação, o correio electrónico, e ter um saldo de cerca ou até 100.000 euros, para lançar a capacidade de negociação.

- **Naga**

O acesso de demonstração ao mundo das moedas criptográficas é garantido através do Naga, sendo capaz de praticar com ferramentas de primeiro nível, com uma fase de registo simples, tem também uma operação para MacOS e Windows, é uma vantagem aventurar-se com o poder dos corretores.

- **Libertex**

O mercado de moedas criptográficas está aberto para uma formação eficaz, e o melhor de tudo, não há necessidade de se registar para encontrar cada opção, disponível com uma variedade de dispositivos, permitindo negociar com um equilíbrio fictício, permitindo que o preço dos activos seja posto à prova.

- **Trade.com**

É desenvolvido como uma ampla oportunidade de fazer parte do mundo das moedas criptográficas, o seu funcionamento de demonstração é acessível a partir de qualquer meio, e ao mesmo tempo utilizar todas as funcionalidades, contando com um saldo fictício de 10.000 euros, tudo isto é fornecido pela conta de demonstração.

A melhor maneira de escolher um corretor de demonstração, é estimar o lado gratuito do serviço juntamente com o seu funcionamento, a intenção é ter uma aprendizagem em primeiro lugar, o seguinte é dedicar atenção à questão da facilidade de registo, sem tantos requisitos no meio, e com um acesso adaptado a si, sem esquecer a potência de cada ferramenta.

Métodos alternativos para ganhar dinheiro com moedas criptográficas

Para além de investir e esperar pelos preços das moedas criptográficas, existem várias formas de fazer dinheiro com moedas criptográficas, cada uma com a sua própria proporção de riscos, possibilidades e técnicas, e é crucial entrar em detalhes sobre estas opções:

1. Comércio automático

No mundo financeiro existem robôs comerciais, sendo uma grande opção para aqueles que não têm conhecimentos suficientes sobre este mundo do investimento, é também uma forma valiosa de poupar tempo, uma vez que não será necessário seguir gráficos, e as ocorrências dos mercados, mas é ainda uma forma arriscada como qualquer investimento.

É uma série de software onde os comerciantes podem usufruir de lucros sob um modo automático, são robôs que detectam sinais de comércio, procurando comprar e vender num espaço de grande vantagem, tudo depende da qualidade do algoritmo, bem como do movimento do mercado, é uma importante margem de erro.

2. Moedas criptográficas livres

Baseia-se numa alternativa livre de fazer parte do mundo da moeda criptográfica, embora em geral não sejam totalmente livres, são utilizados como parte de um esquema de participação no PdS (prova de aposta), sem a prova de trabalho, são recompensas que normalmente são entregues por meio de gotas de ar.

3. Apostas em Cryptocurrency

Para os amantes de risco, este é sem dúvida um caminho de pura adrenalina, uma vez que as moedas virtuais começaram a fazer parte do mundo do jogo, cada plataforma de apostas está aberta ao acaso, através da qual se pode ganhar ou perder moedas criptográficas, a nível internacional, foram partilhados casinos exclusivos de moedas criptográficas.

4. Taxas por serviços profissionais

Actualmente, a cobrança de serviços profissionais é feita através de uma moeda criptográfica, permitindo a cada freelancer ter uma opção versátil nos seus rendimentos, tudo depende das negociações que são estabelecidas com os clientes.

www.ingramcontent.com/pod-product-compliance
Lightning Source LLC
Chambersburg PA
CBHW070437220526
45466CB00004B/1712